NATIONAL GEOGRAPHIC

Soluciones de LA NATURALEZA

EDICIÓN PATHFINDER

Por Leslie Hall and Phyllis Edwards

CONTENIDO

Soluciones de
LA NATURALEZA

Por Leslie Hall

A la gente le gusta lograr que las cosas funcionen mejor, más rápido y de forma más limpia. Por suerte, pueden inspirarse en la naturaleza y obtener grandes ideas.

PODEMOS APRENDER MUCHO DEL MUNDO NATURAL. Piénsalo: la naturaleza siempre parece funcionar fácil y **eficazmente**. Las plantas y los animales no derrochan energía, y están especialmente diseñados para vivir en equilibrio con su entorno. Por esta razón, los ingenieros y empresarios recurren a la naturaleza para solucionar los problemas cotidianos de la gente.

PROBLEMA: ¿Cómo podemos ayudar a los atletas para que naden aún más rápido?
SOLUCIÓN: Observa detenidamente la piel del tiburón.

Incluso el mundo de los deportes ha resuelto problemas imitando a la naturaleza. Para que los atletas naden más rápido, los desarrolladores de trajes de baño han aplicado el **biomimetismo**. Analizaron el movimiento de los mejores nadadores de la naturaleza: los tiburones.

Resulta que la piel del tiburón está cubierta de escamas con forma de dientes. Esos "dientes" están separados por diminutos surcos. Cuando el agua pasa por el cuerpo de un tiburón, se canaliza a través de estos diminutos surcos. Debido a que el agua fluye a través de los surcos en lugar de pasar sobre ellos o alrededor de ellos, hay menos fricción o resistencia. El agua se desplaza libremente por la piel del tiburón como un río amplio y veloz.

Teniendo esto presente, los ingenieros crearon un traje de baño con surcos que imitan a los de la piel de un tiburón. Los nadadores que usaron esos trajes nadaron más rápido que nunca, incluso batieron récords.

Picos de ave y trenes bala

PROBLEMA: ¿Cómo podemos construir trenes más silenciosos y eficientes?
SOLUCIÓN: Copiar la forma del pico de un ave.

Los pájaros martín pescador están perfectamente diseñados para atrapar peces. Para capturar a su presa, se tiran de cabeza en lagos y ríos, sumergiéndose con tal precisión que, al entrar al agua, prácticamente no salpican. Su zambullida sigilosa y tranquila les permite capturar peces sorpresivamente.

Esto le dio una idea al ingeniero japonés Eiji Nakatsu. Él colaboró en el diseño del tren bala Shinkansen, uno de los trenes más veloces del mundo. Cuando el tren fue inaugurado, alcanzó velocidades mayores a los 300 kilómetros (186 millas) por hora. La velocidad era fabulosa, tal como la gente había soñado. Lo que no era tan fabuloso era el ruido que hacía el tren al salir rugiendo de un túnel.

Nakatsu usó lo que sabía del pájaro martín pescador para resolver el problema. Sabía cuán fácilmente un martín pescador se sumerge en el agua con su pico largo y filoso. Entonces Nakatsu rediseñó la parte delantera del tren utilizando al pico del martín pescador como modelo. Este nuevo **enfoque** dio sus frutos: ¡con esta nueva forma, el tren se desplaza de forma más silenciosa y consume menos electricidad!

El agarre del gecko

PROBLEMA: ¿Cómo podemos construir máquinas que suban paredes o se desplacen por los techos?

SOLUCIÓN: Estudiar los pies diminutos de un lagarto.

Los geckos son lagartos muy asombrosos. Pueden subir y bajar por las paredes, incluso colgarse boca abajo de los techos. No importa si la superficie es lisa o rugosa, húmeda o seca. Nada impide a los geckos quedarse pegados.

Su pegajoso secreto no es tener una fuerza increíble. Ni siquiera es un pegamento extraordinario. El secreto son los diminutos pelos que cubren sus pies y dedos de los pies. Cada pelo se divide entre 100 y 1000 veces. ¡Esto significa que los geckos pueden adherirse a una superficie mediante mil millones de puntos diferentes! Los geckos poseen además otra herramienta secreta. Las puntas de los pelos tienen forma de plato, brindando a los lagartos un fuerte agarre.

Los ingenieros estudiaron estos magníficos dedos de los pies para construir un robot llamado Stickybot. Stickybot usa un material parecido a los pelos de los dedos del pie del gecko. Puede subir paredes lisas y desafiar la gravedad, pero está lejos de ser tan ágil y tan veloz como un gecko. Aun así, los ingenieros continúan trabajando para mejorar a Stickybot, y se espera que un día pueda ayudar en misiones de búsqueda y rescate.

Pies de lujo. *Los científicos estudiaron los dedos del pie de los geckos para construir un robot que pudiera subir por las paredes.*

Formas depuradas. *La forma del pico del martín pescador inspiró la parte delantera de este tren bala.*

5

Lecciones de las hojas

PROBLEMA: ¿Cómo podemos mantener limpio el exterior de los edificios?

SOLUCIÓN: Estudiar cómo el agua de lluvia se desliza por una hoja.

Las hojas de una planta de loto parecen cerosas y tersas, pero no lo son. Si observas las hojas a través del microscopio, descubrirás diminutas protuberancias en toda su superficie. Estas protuberancias son la herramienta secreta de la planta para mantenerse limpia y seca.

¿Cómo funcionan las protuberancias? Cuando una gota de lluvia cae sobre la hoja, las protuberancias evitan que gran parte del agua siquiera toque la superficie de la hoja.

Más importante todavía, las protuberancias hacen que el agua se acumule en forma de esfera, en lugar de propagarse. Las gotas no pueden adherirse a la hoja, por lo tanto caen inmediatamente, arrastrando con ellas el polvo, la suciedad y las bacterias. Así es cómo se mantienen limpias las hojas del loto. Los ingenieros **investigaron** este proceso, y luego crearon una clase de pintura capaz de auto-limpiarse. La suciedad cae rodando de la pintura de la misma manera que de la hoja de loto.

Por otra parte, los ingenieros están intentando copiar la manera en que la hoja se mantiene impermeable, y esperan encontrar **aplicaciones** comerciales para esta capacidad. Algún día, por ejemplo, podremos agradecer a la hoja de loto por ayudarnos a evitar que el hielo se adhiera a las alas de los aviones y las antenas de los automóviles. Las lecciones que ofrece la planta de loto sirven además para mantener seca la ropa.

Manteniendo la limpieza.
Los ingenieros aplicaron lo que sabían sobre las hojas del loto para desarrollar un nuevo tipo de pintura.

Ideas que toman vuelo. *Los ingenieros estudian a los escarabajos bombarderos para desarrollar mejores aviones.*

Jugo de escarabajo

PROBLEMA: ¿Cómo podemos volver a poner en marcha el motor de un avión mientras está volando?

SOLUCIÓN: Hacer lo mismo que hacen algunos escarabajos.

Por extraño que parezca, un pequeño escarabajo ha ayudado a los ingenieros aeronáuticos. Esto se debe a que brillantes ingenieros concibieron cómo mejorar un motor a reacción estudiando lo que hacen los escarabajos bombarderos.

Los escarabajos disparan líquido caliente contra sus depredadores, tales como las hormigas. Todo comienza con los gases en el abdomen del escarabajo. Cuando un escarabajo se siente amenazado, los gases se desplazan hacia una cámara pequeña en su abdomen.

En la cámara, los gases acumulan gran cantidad de calor y presión. Cuando la presión es lo bastante fuerte, se desprende del cuerpo del escarabajo vapor y líquido en ebullición.

¿Y qué tiene que ver este bicho con los motores de avión? En altitudes frías y elevadas, los motores de avión a veces se detienen y los pilotos deben volver a encenderlos rápidamente. Los ingenieros quieren desarrollar motores de avión que los pilotos puedan reencender fácilmente en el aire. Ahí es donde el escarabajo aporta lo suyo.

Los ingenieros estudian al escarabajo para ver cómo fabrica y pulveriza el líquido caliente tan rápido. Si logran copiar el proceso del escarabajo, entonces podrán enviar combustible hacia la cámara de combustión del avión de forma más eficaz. El pequeño escarabajo también está inspirando nuevas clases de motores de coche e incluso mejores extinguidores de incendio.

El pez que ahorra combustible

PROBLEMA: ¿Cómo podemos crear automóviles que consuman menos gasolina?

SOLUCIÓN: Observar detenidamente la forma de un pez.

Cuando los ingenieros quieren ingeniárselas para desarrollar automóviles que consumen menos gasolina, por lo general recurren a fórmulas matemáticas y calculadoras. Los ingenieros de una empresa automotriz, sin embargo, decidieron probar otra cosa. Estudiaron al pez cofre, un pez de forma cuadrada que se desplaza suavemente por el agua. Los ingenieros luego copiaron las aletas en forma de quilla del pez y su estructura general en un innovador y elegante diseño automotor. El resultado fue un automóvil aerodinámico que consume menos combustible.

¿Te gustaría desarrollar un automóvil mejor, o un traje de baño más veloz, o un tren más silencioso? Haz lo que hacen los animales. Estos ejemplos de biomimetismo son tan solo el comienzo. Sal al mundo natural, observa a tu alrededor y haz preguntas. Luego, empieza a buscar soluciones. ¿Qué criaturas van a inspirarte?

VOCABULARIO

aplicación: manera de usar algo

biomimetismo: imitar a la naturaleza para resolver problemas

eficiente: que no derrocha energía

enfoque: manera de observar algo

investigar: obtener información sobre algo

Serpientes *voladoras*
Ayuda a desarrollar mejores aviones

POR PHYLLIS EDWARDS

¿Cómo se diseña un planeador mejor? ¡Estudiando a las serpientes voladoras, claro! Esto hace Jake Socha. Es profesor de biomecánica, o la ciencia del movimiento de los seres vivos. Ha estudiado a la serpiente del árbol del paraíso, o *chrysopelea paradisi,* durante muchos años. Su investigación ha ofrecido respuestas a muchas de las preguntas sobre el modo único en que este animal "vuela".

Te presentamos a la serpiente del árbol del paraíso

Si bien existen pocas especies de animales voladores, *Chrysopelea paradisi,* la serpiente del árbol del paraíso es única. Como las ardillas voladoras, los lagartos voladores y los peces voladores, la serpiente usa eficazmente su cuerpo para desplazarse por el aire. Es capaz de saltar desde la rama de un árbol y lanzarse en lo alto hacia otro árbol a varios metros de distancia. ¡Y la serpiente hace todo esto sin la ayuda de brazos ni piernas!

Sin embargo, el término "serpiente voladora" no es del todo exacto. Este reptil no agita sus alas para impulsarse por el aire. Y si bien es capaz de manipular su cuerpo para mantenerse más tiempo en el aire y recorrer mayores distancias, no puede ganar altura. Por lo tanto, es más exacto afirmar que la serpiente del árbol del paraíso planea.

¡Pero esto parece imposible! Si tiras una soga desde la rama de un árbol, sabes que la soga caerá indefectiblemente al suelo. Por lo tanto, uno piensa que un animal con forma de soga haría lo mismo. ¿Cómo puede este animal no solo mantenerse en el aire y recorrer cierta distancia desde determinado punto de partida, sino también controlar su vuelo hasta cierto punto? Estas son algunas de las preguntas que Jake Socha se propuso responder.

Movimientos precisos

Jake Socha ha pasado mucho tiempo observando planear a la *Chrysopelea paradisi* y filmando sus vuelos. Muchas de las fotografías y videos de Socha publicados en el sitio web de National Geographic responden preguntas clave sobre la misteriosa habilidad de esta especie para planear.

Socha descubrió que la serpiente del árbol del paraíso realiza varios movimientos sorprendentes durante su vuelo. En primer lugar, la serpiente no desciende desde una rama y luego empieza a planear. De hecho, salta horizontalmente desde la rama para poder iniciar su vuelo desde el punto más alto posible. Se lanza hacia el suelo por unos pocos segundos para ganar velocidad y luego nivela su vuelo para aterrizar.

Sin embargo, tal vez la hazaña más asombrosa que observó Socha es que la serpiente parece controlar la dirección de su vuelo. Ondula su cuerpo, moviéndolo de lado a lado, como si estuviera reptando en el aire. Esta ondulación le permite mantenerse en lo alto y volar por más tiempo. Socha también observó que la serpiente parece elegir un lugar determinado para aterrizar y dirige su vuelo hacia ese punto.

Una serpiente en vuelo

Saltando desde la rama ➡ Lanzándose para ganar velocidad ➡ Ondulando para mantenerse en lo alto y controlar la dirección

Datos voladores

Especie: *chrysopelea paradisi*
Tipo: reptil
Tamaño: hasta 4 pies de largo

Dónde viven

Ámbito: sudeste de Asia
Hábitat: copas de los árboles en el sudeste de Asia
Dieta: carnívora: roedores, lagartos pequeños

Desafíos y respuestas

¿Por qué planean las serpientes del árbol del paraíso? Todos los animales salvajes comparten un gran problema: ¡los depredadores! Si un pájaro grande sobrevuela demasiado cerca, la serpiente voladora puede confundir al depredador, trasladándose varios metros. Si un lagarto gigante cazador de serpientes sube por el árbol de la serpiente, huir planeando hacia un árbol lejano es una excelente solución para la serpiente.

Más importante aún, todos los animales enfrentan el desafío de encontrar cada día suficiente comida. ¿Qué pasaría si estuvieras listo para comer y te encontrarás atascado en la cima de un alto árbol? Si fueras una serpiente común, te verías obligado a descender del árbol, reptar por el suelo y subir a otro árbol para encontrar la cena. ¡Eso demandaría mucho tiempo y energía! Cuando una serpiente del árbol del paraíso tiene hambre, si no encuentra un bocado apetitoso en un árbol, puede planear hacia otro árbol para picar algo de comer.

El futuro del vuelo

¿Servirá lo que aprendimos sobre las serpientes voladoras para cambiar la manera en que construimos planeadores? Piensa en un diagrama de corte transversal del cuerpo de una serpiente en vuelo y luego visualiza una imagen que se parezca a una nave espacial.

¿Qué pasaría si conectamos decenas de estas formas en una cuerda con forma de serpiente? ¡Se vería como un tren volador! ¿Viajarán las personas en semejante tren por el espacio algún día? Tan solo el tiempo o tal vez análisis más profundos de la *chrysopelea paradisi* lo dirán.

Ardilla voladora

Preguntas clave.......

Jake Socha ha encontrado respuestas para estas preguntas clave.

1 *¿Exactamente cómo "vuela" un animal con forma de soga?*

Puedes imaginar cómo otros animales planeadores manipulan partes de su cuerpo para lograr volar. La ardilla voladora, por ejemplo, usas sus patas y pliegues de la piel para crear "alas".

Pero la serpiente no tiene patas ni ningún otro miembro. La solución es asombrosamente simple: la serpiente usa su esqueleto para cambiar la forma de todo su cuerpo de adentro hacia afuera.

2 *¿Cómo es que esta forma le permite a la serpiente mantenerse en lo alto?*

Para descubrirlo, los investigadores combinaron fotografías de una serpiente en vuelo con imágenes que muestran cómo circula el aire alrededor del cuerpo de la serpiente. Notaron que la imagen combinada se parecía mucho al diagrama del ala de un avión.

Tanto el ala de un avión como el cuerpo de la serpiente planeadora tienen una forma llamada aerodinámica; la forma que mantiene a un objeto en el aire. ¡El cuerpo entero de una serpiente es como un ala larga y angosta!

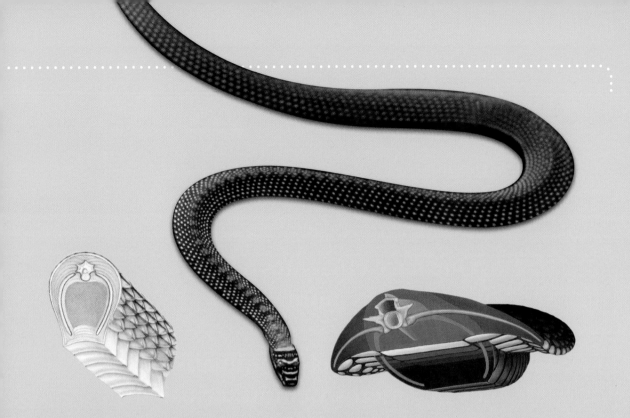

En reposo. *Cuando no está planeando, el cuerpo de la serpiente tiene forma de tubo largo y circular, casi como una manguera de jardín.*

Volando. *Para "volar", la serpiente expande sus costillas hacia afuera desde el centro de su cuerpo para crear una forma cóncava. ¡Parece que la serpiente hubiera metido el estómago!*

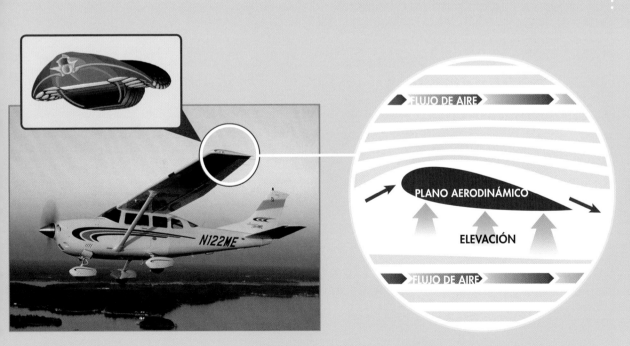

Forma especial. *Cuando una serpiente planea, su cuerpo adquiere una forma similar al ala de un avión. Esta forma especial permite a la serpiente mantenerse en el aire.*

Ideas salvajes

Llegó la hora de dar rienda suelta a tus ideas sobre el biomimetismo. Luego responde estas preguntas.

1 ¿Qué hace eficientes a las plantas y los animales?

2 ¿Cómo ayuda el biomimetismo a los ingenieros y empresarios?

3 Menciona tres maneras en las que las personas aplican lo que han aprendido del biomimetismo.

4 ¿Cómo "vuela" la serpiente del árbol del paraíso?

5 ¿Cómo aprende Jake Socha de las serpientes del árbol del paraíso?